WAS mich stark macht

WAS mich stark macht

Ein inspirierendes Ausfüllbuch

Yvonne Pferrer

riva

Bibliografische Information der Deutschen Nationalbibliothek:
Die Deutsche Nationalbibliothek verzeichnet diese Publikation in der Deutschen Nationalbibliografie. Detaillierte bibliografische Daten sind im Internet über http://dnb.d-nb.de abrufbar.

Für Fragen und Anregungen
info@rivaverlag.de

Originalausgabe
2. Auflage 2020

Nymphenburger Straße 86
D-80636 München
Tel.: 089 651285-0
Fax: 089 652096

Umschlaggestaltung und Layout: Isabella Dorsch
Abbildungen Innenteil: Shutterstock.com/Natasha Zalevskaya, Atya, foxie, Guz Anna, chyworks, Lustrator, Anastasia Panfilova, Iveta Angelova, Naticka, Dinaries, Andriy Lipkan, LaLoba, ImHope, Karlygash, Wiktoria Matynia, Ezhevika, kotoffei, NikaMooni, moobeer, vectortwins
Satz: inpunkt[w]o, Haiger (www.inpunktwo.de)
Druck: Florjančič Tisk d.o.o., Slowenien
Printed in the EU

ISBN Print 978-3-7423-1058-3

Weitere Informationen zum Verlag finden Sie unter:

www.rivaverlag.de

Beachten Sie auch unsere weiteren Verlage unter: www.m-vg.de

Dieses Buch gehört:

____

Hi, ich bin's, Yvonne.

Wir alle haben so viel mehr Mut und Power, als wir von uns selbst denken, doch unterschätzen wir uns oft. Immer wieder kommt in manchen schweren Momenten das Gefühl hoch, dass man es nicht schafft, und genau dann muss man sich auf seine Stärken konzentrieren und an all die Momente denken, in denen es doch funktioniert hat. Wir müssen nur auf uns selbst vertrauen und uns auf unsere Stärken und das Positive in uns konzentrieren. Mut, Selbstbewusstsein, das soziale Umfeld und Optimismus sind wichtige Schlüssel zum Erfolg.

In diesem Buch geht es in erster Linie darum, dass du dich selbst noch ein bisschen besser kennenlernst und Spaß hast dabei. Ich gebe dir immer wieder Anregungen. Füll die folgenden Seiten ganz nach deinem Bauchgefühl aus, verwende persönliche Fotos, halte besondere Erinnerungen fest und mach dieses Buch so zu deinem ganz eigenen. So wird das Buch zu einem ganz besonderen Erinnerungsstück, das dir zeigt, wie stark du wirklich bist.

Alles, was dich stark macht, steckt in dir!
Und jetzt viel Spaß beim Ausfüllen!

Love, deine Yvonne!

Yvonnes Steckbrief

Vorname: Yvonne

So werde ich von anderen am liebsten genannt: Yve, Yvönnchen, Yvi

Geburtstag_ 30.08.1994

Sternzeichen: Jungfrau

Wohnort: Köln

Größe: 170 cm

Augenfarbe: braun und manchmal etwas grün

Natürliche Haarfarbe: hellbraun

Aktuelle Haarfarbe: hellbraun

So alt fühle ich mich: manchmal wie 12 und manchmal wie 35 :)

So alt bin ich wirklich: 25

Das bin ich

Vorname: ____________________

So werde ich von anderen
am liebsten genannt: ____________________

Geburtstag: ____________________

Sternzeichen: ____________________

Wohnort: ____________________

Größe: ____________________

Augenfarbe: ____________________

Natürliche Haarfarbe: ____________________

Aktuelle Haarfarbe: ____________________

So alt fühle ich mich: ____________________

So alt bin ich wirklich: ____________________

Meine Lieblingsfotos von mir

Meine Lieblingsfotos von mir

Meine Familie

Meine Eltern:

Meine Geschwister:

Das haben wir alle gemeinsam:

Das unterscheidet uns:

Meine Heimat

Was ich damit verbinde:

An diesen Plätzen fühle ich mich wohl:

Die glücklichsten Momente, die ich hier hatte:

Das sind meine Hobbys

1. ______________________________

2. ______________________________

3. ______________________________

4. ______________________________

5. ______________________________

6. ______________________________

7. ______________________________

8. ______________________________

9. ______________________________

10. ______________________________

Für diese Themen *interessiere ich mich*

1. ______________________________
2. ______________________________
3. ______________________________
4. ______________________________
5. ______________________________
6. ______________________________
7. ______________________________
8. ______________________________
9. ______________________________
10. ______________________________

Meine Lieblingsmenschen

1

Darüber reden wir am liebsten:

2

Darüber reden wir am liebsten:

3

Darüber reden wir am liebsten:

4

Darüber reden wir am liebsten:

5

Darüber reden wir am liebsten:

Meine Lieblingsmenschen

6

Darüber reden wir am liebsten:

7

Darüber reden wir am liebsten:

8

Darüber reden wir am liebsten:

9

Darüber reden wir am liebsten:

10

Darüber reden wir am liebsten:

Meine größten Schwierigkeiten habe ich damit

1.

2.

3.

4.

5.

GOOD VIBES

Smile More

Gute Laune hat etwas mit der inneren Einstellung zu tun. Du kannst gute Laune nicht erzwingen und sollst es auch nicht tun. Wenn du von innen heraus glücklich bist, strahlst du automatisch gute Laune aus, und das kannst du nur ausstrahlen, wenn es dir gut geht. Mache mehr das, was dich happy macht. Geh raus, unternimm etwas Schönes und lache mit Menschen. Lache auch einfach mal nur für dich und freue dich über Kleinigkeiten. Mach dir selber einen Spaß aus vielen Dingen und nimm Kleinigkeiten nicht zu ernst oder verbittert.

Lachen in Gesellschaft ist noch einmal schöner. Halte schöne Momente mit einem Foto fest, zum Beispiel wenn du mit deiner besten Freundin einfach nur lachst. In traurigen Momenten kannst du dich an die schönen Momente erinnern und es wird dir ganz sicher etwas über die traurigen Momente hinweghelfen.

Distanziere dich von Sachen, die dir schlechte Laune bringen, und lass dich nicht von schlechter Laune anstecken. Das Ziel von jedem ist es doch, ein unbeschwertes Leben zu führen und ganz viel aus tiefstem Herzen zu lachen und eine schöne Zeit mit guten Freunden zu verbringen.

Ein ehrliches und freundliches Lächeln versteht man auf der ganzen Welt, also lächle doch einfach mal jemand Fremden auf der Straße an. Es wird ganz sicher ein Lächeln zurückkommen, und schon solche Kleinigkeiten können den Tag versüßen.

INSIGHT
AFRICA

Das macht *mich happy*

Schreib hier Dinge rein, die dich im Alltag happy machen und dir ein gutes Gefühl geben.

Das kann ich *wirklich gut*

1.

2.

3.

4.

5.

6.

7.

8.

9.

10.

Das sind meine Idole

1. ....

2. ....

3. ....

4. ....

5. ....

6. ....

7. ....

8. ....

9. ....

10. ....

Meine Bucket List

Neue Erfahrungen bringen immer tolle Impulse.
Diese kleinen Alltagsabenteuer möchte ich machen:

1. ______________________ ☐
2. ______________________ ☐
3. ______________________ ☐
4. ______________________ ☐
5. ______________________ ☐
6. ______________________ ☐
7. ______________________ ☐
8. ______________________ ☐
9. ______________________ ☐
10. ______________________ ☐

11. ____________________ ☐

12. ____________________ ☐

13. ____________________ ☐

14. ____________________ ☐

15. ____________________ ☐

16. ____________________ ☐

17. ____________________ ☐

18. ____________________ ☐

19. ____________________ ☐

20. ____________________ ☐

In diesen Situationen kann ich immer *auf meine Familie bauen*

1. ______________________________

2. ______________________________

3. ______________________________

4. ______________________________

5. ______________________________

6. ______________________________

7. ______________________________

8. ______________________________

9. ______________________________

10. ______________________________

Das schätzen meine *Freunde an mir*

1. ____________________
2. ____________________
3. ____________________
4. ____________________
5. ____________________
6. ____________________
7. ____________________
8. ____________________
9. ____________________
10. ____________________

Das bin ich!

Schreibe hier alles durcheinander, was dich ausmacht.
Hebe am Schluss all das hervor, was dir besonders wichtig ist.

Darüber kann ich *herzlich lachen*

1. ______________________________

2. ______________________________

3. ______________________________

4. ______________________________

5. ______________________________

Diese Werte sind mir besonders wichtig

1. ______________________________

2. ______________________________

3. ______________________________

4. ______________________________

5. ______________________________

Was ist Erfolg?

Die Wahrnehmung von Erfolg ist oft ganz unterschiedlich. Manchmal denken Leute von außen: »Wow, diese Person ist echt erfolgreich«, und die Person selbst sieht das gar nicht so. Meistens beeindrucken uns schon die Menschen, die eine besondere Fähigkeit haben oder die ein Ziel über einen langen Zeitraum verfolgen, sodass man mitverfolgen kann, dass diese Leute immer etwas besser werden. Meistens bemerkt man selber diese kleinen Schritte gar nicht, denn Erfolg ist ein Prozess. Ich bin der Meinung, dass jeder Erfolg für sich selbst definieren und ein persönliches Ziel fokussieren sollte. Wo möchtest du zum Beispiel in fünf Jahren stehen?

Stecke dir Ziele, die du erreichen kannst, und vor allem, von denen du weißt, dass es dir über einen langen Zeitraum Spaß macht, dieses Ziel zu verfolgen. Höhen und Tiefen gehören natürlich immer dazu. Was bringt es dir, in einem Job gut und erfolgreich zu sein, wenn du jeden Tag mit Bauchschmerzen zur Arbeit gehst?

Mach dich frei und finde das, was dir Spaß macht und was du gerne machst. Wenn du das jeden Tag tust, wirst du irgendwann automatisch an deinem Ziel ankommen.

Ich wollte zum Beispiel immer reisen und etwas Kreatives ausüben. Dass ich mit dem Reisen Geld verdienen kann und Werbekunden mit mir zusammenarbeiten wollen, da sie meine kreative Arbeit der Fotos und Videos schätzen, hätte ich früher niemals für möglich gehalten. Es hat sich so ergeben – weil ich jeden Tag voller Energy das mache, was ich liebe, und meiner Kreativität freien Lauf lasse. Und glaub mir, jeder hat schwere Momente, egal, wie traumhaft schön und unbeschwert ein Leben scheint.

Viele Dinge entstehen spontan, also sei offen für Veränderungen und finde für dich selbst heraus, was Erfolg ist. Starte deinen eigenen Weg zum inneren Erfolg und stecke dir Ziele, die dich wirklich bereichern und glücklich machen.

Das bedeutet Erfolg für mich

Mein Erfolgslebenslauf

Das habe ich in meinem
Leben schon erreicht:

So belohne ich mich,

wenn ich kleine Hürden geschafft habe

1.
2.
3.
4.
5.
6.
7.
8.
9.
10.

Meine beruflichen Ziele

Meine privaten Ziele

So sehe ich mich *im hohen Alter*

Male hier ein Bild von dir, wie
du dich im hohen Alter siehst.

Ein Bild, auf dem ich *stolz auf mich bin*

Das mag ich daran:

Das verbinde ich damit:

Das macht mich stolz auf diesem Bild:

Das sehe ich in mir:

Love yourself

Selbstliebe ist ein wichtiger Punkt, um glücklich durchs Leben zu gehen. Aber was ist Selbstliebe überhaupt? Eine gesunde Selbsteinschätzung und eine Zufriedenheit mit seinem Inneren und seinem Äußeren, sind die Grundlage dafür, sich selbst zu akzeptieren und zufrieden durchs Leben zu gehen.

In meiner Teenager-Zeit wusste ich selbst nicht genau, wer ich überhaupt bin. Ich habe immer gehofft, dass ich es irgendwann herausfinden werde, und habe mich viel mit mir selbst beschäftigt. Ich habe gelernt, mir selbst zu vertrauen und mich zu akzeptieren. Ich möchte mich selber und meinen Körper verstehen. Ich möchte mich spüren und genau wissen, was mir guttut und was nicht. Das alles gibt mir ein gutes Gefühl und ich versuche immer, das zu machen, was sich richtig anfühlt. Dafür brauche ich oft viel Zeit für mich alleine, damit ich meine Gedanken und Gefühle sortieren kann.

Ein wichtiger Punkt der Selbstliebe: Achte nicht darauf, was andere über dich denken könnten, sondern darauf, was du über dich selbst denkst und ob du selbst stolz auf dich bist.

Als ich die Anfrage für die Rolle bei *Köln 50667* bekommen habe, wollte ich dieses Angebot erst nicht annehmen, weil ich mir sicher war, dass ich mit dem ganzen Druck von außen nicht klarkomme, da dann jeder die Möglichkeit hätte, über mich zu urteilen. Zum Glück haben meine Eltern mir viel Mut gemacht. Anfangs hatte ich mit den negativen Kommentaren fremder Menschen im Internet zu kämpfen. Ich habe viel darüber gesprochen und versucht, damit umzugehen, und – zack! –, nach ein paar Monaten war ich über diesen Punkt hinweg und es wurde immer unwichtiger für mich, was andere denken, und ich habe dadurch auch gelernt, mich zu akzeptieren.

Sich selber zu lieben und zu akzeptieren, ist ein langer und schwieriger Prozess. Auch ich bin noch lange nicht an meinem Ziel von einer vollkommenen Zufriedenheit angekommen. Man muss Tag für Tag an sich selbst arbeiten und dann hat man auch die Chance, sich positiver entwickeln zu können.

Niemand ist perfekt, auch wenn es manchmal so scheint. Akzeptiere und liebe dich selbst, mit allen Ecken und Kanten, und wenn dich doch etwas stört, hast du selbst es in der Hand, das zu ändern. Gib niemals auf und glaub an dich!

So ... bin ich

Schätze dich selbst auf einer Skala von 1 bis 10 ein
(1 – gar nicht; 10 – mehr geht nicht).

1 ——————————————— 10

Klug ☐ ☐ ☐ ☐ ☐ ☐ ☐ ☐ ☐ ☐

Ehrlich ☐ ☐ ☐ ☐ ☐ ☐ ☐ ☐ ☐ ☐

Optimistisch ☐ ☐ ☐ ☐ ☐ ☐ ☐ ☐ ☐ ☐

Mutig ☐ ☐ ☐ ☐ ☐ ☐ ☐ ☐ ☐ ☐

Lustig ☐ ☐ ☐ ☐ ☐ ☐ ☐ ☐ ☐ ☐

Verspielt ☐ ☐ ☐ ☐ ☐ ☐ ☐ ☐ ☐ ☐

	1									10
Musikalisch	☐	☐	☐	☐	☐	☐	☐	☐	☐	☐
Idealistisch	☐	☐	☐	☐	☐	☐	☐	☐	☐	☐
Verträumt	☐	☐	☐	☐	☐	☐	☐	☐	☐	☐
Sportlich	☐	☐	☐	☐	☐	☐	☐	☐	☐	☐
Geduldig	☐	☐	☐	☐	☐	☐	☐	☐	☐	☐
Attraktiv	☐	☐	☐	☐	☐	☐	☐	☐	☐	☐
Unternehmungslustig	☐	☐	☐	☐	☐	☐	☐	☐	☐	☐
Zufrieden	☐	☐	☐	☐	☐	☐	☐	☐	☐	☐
Kreativ	☐	☐	☐	☐	☐	☐	☐	☐	☐	☐

MOM
I'M FINE

Diese Macken *liebe ich an mir*

1.

2.

3.

4.

5.

Diese Sprüche motivieren mich

Die Kunst ist,
einmal mehr aufzustehen,
als man hingefallen ist.

BE
strong

HINFALLEN, AUFSTEHEN, Krone richten.

Sei stärker als deine STÄRKSTE AUSREDE.

Diese Sprüche motivieren mich

WENN DU DICH IM KREIS DREHST – beginne zu tanzen.

Glitter is always an option!

love yourself!

Sei du selbst,
alle anderen
gibt es schon.

Wenn ich aus dem Gleichgewicht gerate, *hilft mir das*

Schätze dich selbst auf einer Skala von 1 bis 10 ein
(1 – gar nicht; 10 – mehr geht nicht).

1 ——————————— 10

Ruhe ☐ ☐ ☐ ☐ ☐ ☐ ☐ ☐ ☐ ☐

Gespräche mit Freunden ☐ ☐ ☐ ☐ ☐ ☐ ☐ ☐ ☐ ☐

Lesen ☐ ☐ ☐ ☐ ☐ ☐ ☐ ☐ ☐ ☐

Musik ☐ ☐ ☐ ☐ ☐ ☐ ☐ ☐ ☐ ☐

Bewegung ☐ ☐ ☐ ☐ ☐ ☐ ☐ ☐ ☐ ☐

Natur ☐ ☐ ☐ ☐ ☐ ☐ ☐ ☐ ☐ ☐

Schokolade ☐ ☐ ☐ ☐ ☐ ☐ ☐ ☐ ☐ ☐

Umarmungen ☐ ☐ ☐ ☐ ☐ ☐ ☐ ☐ ☐ ☐

__________ ☐ ☐ ☐ ☐ ☐ ☐ ☐ ☐ ☐ ☐

__________ ☐ ☐ ☐ ☐ ☐ ☐ ☐ ☐ ☐ ☐

Diese Orte geben mir Kraft

1. ______________________________

2. ______________________________

3. ______________________________

4. ______________________________

5. ______________________________

Meine Power-Playlist

1. ______________________________

2. ______________________________

3. ______________________________

4. ______________________________

5. ______________________________

6. ______________________________

7. ______________________________

8. ______________________________

9. ______________________________

10. ______________________________

Post für mich

Schreibe einen lieben Brief an dich selbst, in dem du dir zu einem tollen Ereignis gratulierst, das du gemeistert hast.

Damit tue ich meinem Körper etwas Gutes

1. ....

2. ....

3. ....

4. ....

5. ....

Glaub an deine *innere Kraft*

Wie gehst du mit schwierigen Situationen oder Krisen um?

Ich persönlich versuche erst einmal, einen Schritt zurückzugehen und die Situation von außen zu betrachten, als eine unvoreingenommene Person auf das Geschehen zu blicken und all meine privaten Emotionen beiseitezuschieben. Schon sehr oft konnte ich dadurch Situationen besser klären und schneller eine Lösung finden.

Es ist aber auch okay, einfach mal zu weinen, traurig zu sein und sich schlecht zu fühlen. Wer kennt das nicht? Diese Tage, an denen man sich nur verkriechen möchte. Manchmal muss es dafür noch nicht einmal einen driftigen Grund geben. Akzeptiere auch diese Momente an dir und das Allerwichtigste: Vertraue dich einer Person an, mit der du über alles sprechen kannst. Spreche über deine Ängste, über deine Gefühle und über deine Emotionen. Niemand sollte sich dafür schämen müssen auszusprechen, was er wirklich denkt, und oftmals schweißt das sogar zusammen.

Früher ist es mir schwergefallen, mich zu öffnen, aber dank meinem Freund Jerry habe ich gelernt, wie schön es sein kann, auch schwach sein zu dürfen und schwierige Momente mit jemandem zu teilen.

Schäme dich nicht für die Person, die du bist, oder für die Verhältnisse, in denen du groß geworden bist. Nichts ist für immer und auch schwierige Situationen können irgendwann nur besser werden und du kannst daran wachsen. Es gibt so viele Menschen auf dieser Welt, und jeder hat seine eigenen Päckchen zu tragen. Keiner muss mit dieser Last alleine sein. Vielleicht musst du sie alleine bewältigen und stemmen, aber du kannst immer den Rückhalt von deinen Liebsten haben. Was danach bleibt, ist umso mehr Kraft für die Zukunft.

Mein Powerplan

Schreibe hier deine verschiedenen Schritte auf, wie du dich schwierigen Situationen stellst.

Yvonnes Powerplan

1. Durchatmen
2. Einen Schritt zurückgehen
3. Die Situation von außen betrachten
4. Mit lieben Menschen sprechen
5. Nach konstruktiven Lösungen suchen

Diesen Menschen

kann ich mich immer anvertrauen

Ihre besten Ratschläge

Die schönsten Komplimente,

die ich jemals erhalten habe

Von: ______________

Von: ______________

Von: ______________

Von:

Von:

Von:

Das würde ich tun, *wenn ich wüsste, dass ich nicht scheitern kann*

1. ....

....

2. ....

....

3. ....

....

4. ....

....

5. ....

....

1/2

Mini-Tagebuch

Beobachte dich zwölf Tage selbst und schreibe immer am Ende des Tages auf, was gut gelaufen ist, welche positiven Fähigkeiten du an dir wahrgenommen hast, welche Fehler du eventuell gemacht hast und was du daraus lernen kannst und wofür du dankbar bist.

Datum: ____________

Datum: ____________

Datum: ______

Datum: ______

Datum: ____________

Datum: ____________

Datum:

Datum:

Datum:

Datum:

Datum: ____________

Datum: ____________

Meine *innere Balance*

Innere Balance – oh, ein sehr wichtiges Thema. Ich fühle mich oft selbst nicht ausgeglichen. Ich mache immer viel und will viel schaffen, und dadurch vergesse ich mich leider oft selbst und mir bewusst diese Fragen zu stellen: Was will ich gerade eigentlich wirklich, was brauche ich gerade? Ich versuche, immer in einem Gleichgewicht zu leben, und versuche, nichts krass exzessiv zu machen, weil ich der Meinung bin, dass zu viel von etwas nicht guttut, sondern es die Mischung macht.

Für meine innere Balance möchte ich nichts vernachlässigen. Ich achte kontinuierlich auf eine ausgewogene Ernährung, regelmäßigen Sport, möchte meine Freunde und Familie oft sehen. Alle Faktoren geben mir eine innere Zufriedenheit und jede einzelne Brücke ist wichtig für mich.

Niemand weiß besser als du selbst, was dir guttut und was du wirklich brauchst. Wenn du darauf achtest, wirst du dich auch selbst besser und ausgeglichener fühlen. Achte auf dich selbst und auf die Zeichen, die dir dein Körper gibt. Wenn du dich nicht nach etwas fühlst und das Gefühl hast, es eher für andere zu tun, darfst du auch einfach mal Nein sagen.

Niemand kann dir sagen, was dich glücklich oder ausgeglichen fühlen lässt, das musst du selbst herausfinden. Fange an, deinen Körper und deinen Geist Tag für Tag etwas besser zu verstehen. Schränke dich selbst nicht ein und gehe achtsam mir dir und deinem Körper um.

Hierzu sage ich Nein

1.

2.

3.

4.

5.

Mein Zufriedenheitskuchen

Jedes Kuchenstück steht für einen Lebensbereich. Markiere auf der Skala, wie zufrieden du mit dem jeweiligen Bereich bist. Nimm für jeden Bereich eine andere Farbe. Je voller das Kuchenstück ist, desto zufriedener bist du mit dem Bereich.

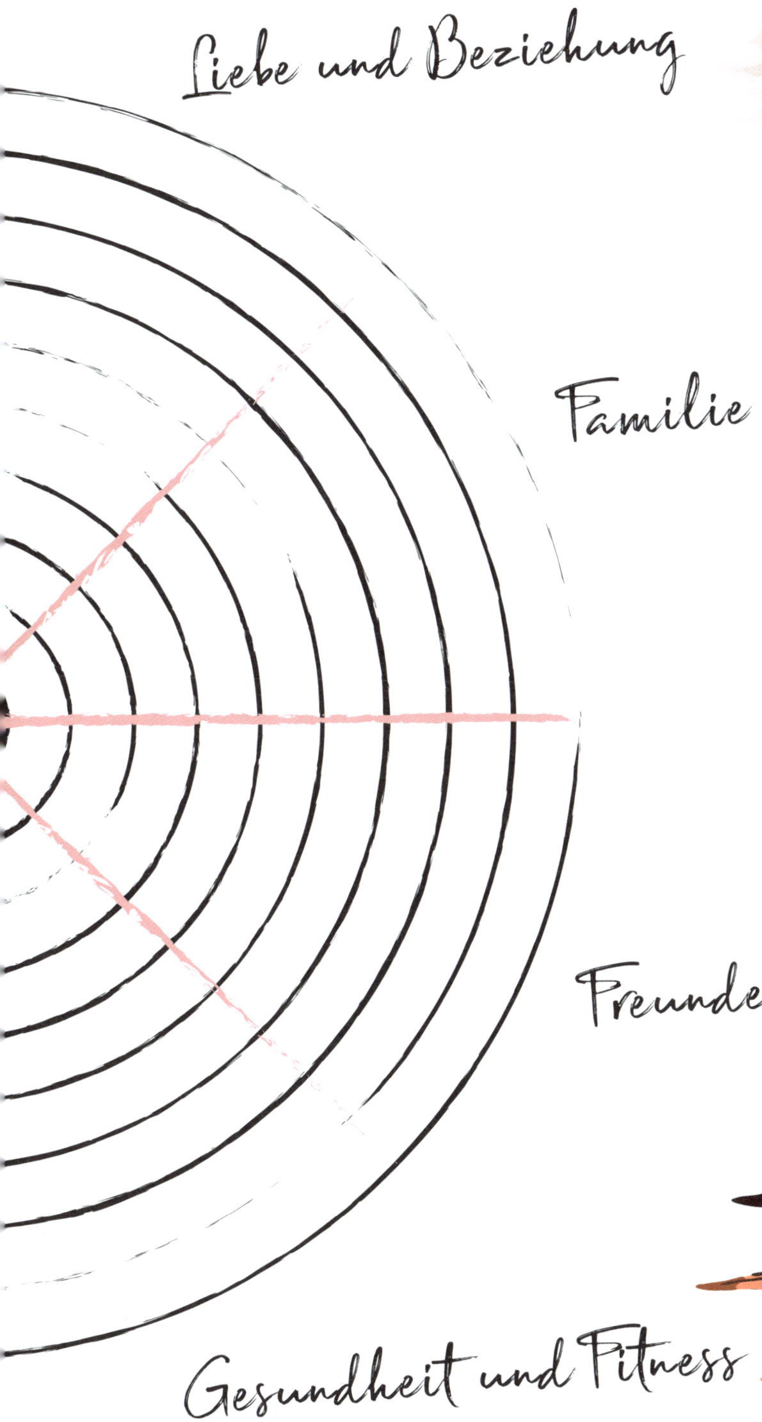

Meine Ziele für die einzelnen Bereiche

Liebe und Beziehung

Das ist toll an diesem Bereich:

....

....

....

Das will ich in diesem Bereich erreichen:

....

....

....

Familie

Das ist toll an diesem Bereich:

....

....

....

Das will ich in diesem Bereich erreichen:

....

....

....

Freunde

Das ist toll an diesem Bereich:

....

....

....

Das will ich in diesem Bereich erreichen:

....

....

....

Gesundheit und Fitness

Das ist toll an diesem Bereich:

....

....

....

Das will ich in diesem Bereich erreichen:

....

....

....

Beruf

Das ist toll an diesem Bereich:

....

....

....

Das will ich in diesem Bereich erreichen:

....

....

....

Finanzen

Das ist toll an diesem Bereich:

....

....

....

Das will ich in diesem Bereich erreichen:

....

....

....

Selbstverwirklichung

Das ist toll an diesem Bereich:

....

....

....

Das will ich in diesem Bereich erreichen:

....

....

....

Zeit für mich

Das ist toll an diesem Bereich:

....

....

....

Das will ich in diesem Bereich erreichen:

....

....

....

Meine Lebenslektionen

1.

2.

3.

4.

5.

Gute Taten

Gute Taten sind ein Power-Booster für das eigene Glück und Selbstbewusstsein. Schneide diese kleinen guten Taten aus und packe sie in deinen Geldbeutel. So kannst du immer mal wieder eine ziehen und machen.

Fremde Menschen anlächeln

Einem Obdachlosen Essen geben

Jemandem ein Kompliment machen

Einer lieben Person einen Blumenstrauß schenken

Für jemanden einkaufen gehen, der selbst nicht gut zu Fuß ist

Eine lang nicht mehr gesehene Freundin anrufen

Einsamen Menschen Zeit schenken, zum Beispiel in einem Altenheim

Einem älteren Menschen über die Straße helfen

Einen Brief an die eigene Mutter schreiben und ihr mitteilen, wie es einem gerade geht

Bei Freunden babysitten

Alte Kleidung spenden

Kuchen für die Kollegen backen

Der Geschichte von jemandem zuhören

Meine Liebsten

Du kannst nur so sehr blühen, wie es deine Umgebung zulässt. Man unterschätzt oft, was das soziale Umfeld eigentlich mit einem macht. Unterbewusst passt man sich immer den Menschen in seiner Umgebung an. Manchmal weniger und manchmal mehr. Das sind Prozesse, die unterbewusst ablaufen und die du nicht alle steuern kannst.

Ich habe schon oft gespürt, wie unterschiedlich ich mich in verschiedenen Umfeldern fühlen kann. Ich habe daraus gelernt, dass es nicht an einem selbst liegt, wenn man sich in Gegenwart von gewissen Menschen nicht wohlfühlt.

Verbringe deine Zeit bewusst mit Menschen, die dir guttun, die positiv und zufrieden durchs Leben gehen. Das wird dich auch anstecken und positiv stimmen. Lass Leute, die dir nicht guttun, hinter dir, damit du weitergehen kannst – deinen eigenen Weg.

Manchmal tut es auch gut, neue Menschen kennenzulernen, um noch einmal ganz andere Eindrücke bekommen zu können. Komm raus aus deiner eigenen Komfortzone und geh offen auf neue Menschen zu. Es kommen neue Leute und es gehen alte – so ist der normale Rhythmus der Zeit.

Das bedeutet
Familie für mich

1. ______________________________

2. ______________________________

3. ______________________________

4. ______________________________

5. ______________________________

Das bedeutet
Freundschaft für mich

1. ____
2. ____
3. ____
4. ____
5. ____

Das tue ich für *andere Menschen*

1.

2.

3.

4.

5.

6.

7.

8.

9.

10.

Die schwierigsten Momente in meinem Leben und was ich daraus gelernt habe

1.

2.

3.

4.

5.

Meine schönsten Momente

1. ____________________

2. ____________________

3. ____________________

4. ____________________

5. ____________________

Das können andere Menschen von mir lernen

1. ____________________

2. ____________________

3. ____________________

4. ____________________

5. ____________________

Meine Leidenschaften

Es gibt Dinge, in die jeder gerne Energie steckt und die dadurch auch oft ganz von selbst laufen. Diese Dinge sind mir in meinem Leben besonders wichtig und ich stecke gerne meine Energie da rein:

Mein Notfallplan –

Dinge, die ich tun kann, wenn es mir mal nicht so gut geht

1. ______________________________

2. ______________________________

3. ______________________________

4. ______________________________

5. ______________________________

To do:

Be strong!